Unterwegs zu mir

Mit Bildern von Sieger Köder

Textauswahl: Herbert Wilfart

Verlag Katholisches Bibelwerk

Die Deutsche Bibliothek - CIP-Einheitsaufnahme

Unterwegs zu mir / mit Bildern von Sieger Köder.
Textausw.: Herbert Wilfart. - Stuttgart :
Verl. Kath. Bibelwerk, 1997
ISBN 3-460-27212-0

Umschlaggestaltung: Neil McBeath, Kornwestheim
Coverbild: Sieger Köder, „Mirjam“ aus: Misereor Hungertuch „Hoffnung der Ausgegrenzten“,
© Misereor Medienproduktion und Vertriebsgesellschaft mbH, Aachen
Satz und Reproduktionen: Steffen Hahn Satz und Repro GmbH, Kornwestheim
Druck und Bindung: Proost, International Book Production, Turnhout (Belgien)

Auch der längste Weg
beginnt
mit dem ersten Schritt.

Chinesisches Sprichwort

Maskerade des Tages
Rollen die ich spiele – spielen muß
Masken, die ich auf Stichworte setze
Manchmal gehe ich mir damit selbst auf die Nerven
Ich maskiere mich
tue das, was man von mir erwartet
obwohl ich gerade das vielleicht nicht will
„Die Maske vom Gesicht reißen“ sagst Du?
Ja, gern – aber . . .
reiß Du sie ab, bitte, und erschreck nicht über mich
manches wird Dir fremd sein und wartet doch nur
auf Deine Hand, Deinen Atem und Dein Lachen

Matthias Stöhr

Wieder ein Morgen ohne Gespenster
im Tau funkelt der Regenbogen
als Zeichen der Versöhnung

Du darfst dich freuen
über den vollkommenen Bau der Rose
darfst dich im grünen Labyrinth
verlieren und wiederfinden
in klarer Gestalt

Du darfst ein Mensch sein
arglos

Der Morgentraum erzählt dir Märchen
du darfst die Dinge neu ordnen
Farben verteilen
und wieder *schön* sagen

an diesem Morgen
du Schöpfer und Geschöpf

Rose Ausländer

Am Abend kam die Taube wieder (Gen 8), Detail aus: Sintflut

9

weißt du wo
der himmel ist
außen oder innen
eine handbreit
rechts und links
du bist mitten drinnen

weißt du wo
der himmel ist
nicht so tief verborgen
einen sprung
aus dir heraus
aus dem haus der sorgen

weißt du wo
der himmel ist
nicht so hoch da oben
sag doch ja
zu dir und mir
du bist aufgehoben

wilhelm willms

Da träumte ihm, eine Leiter sei auf die Erde gestellt (Gen 28). Jakobs Traum

Gebt nicht nach, wie wir es getan haben,
folgt den Verlockungen nicht
denkt nach, verweigert, – verweigert, lehnt ab.

Denkt nach, eh ihr ja sagt, glaubt nicht sofort,
glaubt auch dem Einleuchtenden nicht,
Glauben schläfert ein, und ihr sollt wach sein.

Fangt mit einem weißen Blatt an,
schreibt selber die ersten Worte,
laßt euch nichts vorschreiben.

Hört gut zu, hört lange zu, aufmerksam,
glaubt der Vernunft nicht,
der wir uns unterwarfen.

Fangt mit der stummen Revolte
des Nachdenkens an, prüft und verwerft.

Bildet langsam das Ja eures Lebens.
Lebt nicht wie wir. Lebt ohne Furcht.

Walter Bauer

Mit Gott und Mensch hast du gestritten (Gen 32). Jakobs Kampf am Jabbok

SK

Weißt du noch –
damals als ich Kind war, was ich glaubte?
    Ich glaubte an Gott,
einen gütigen Vater, eine gütige Mutter,
alles verstehend und immer verzeihend.
    Ich glaubte an Liebe,
die sich verschenkt zwischen den Menschen,
ohne Berechnung und ohne Angst.
    Auch an Gerechtigkeit glaubte ich fest,
in der es nicht gibt Vorrecht noch Unrecht,
Starke noch Schwache.
    Auch an den Frieden glaubte ich da,
der möglich ist unter den Menschen,
die guten Willens sind.
    Und an die Kraft glaubte ich,
die dieser Glaube mir schenkt,
im Vertrauen auf Gott, Tag für Tag.
    Weißt Du noch –
damals, als ich Kind war,
was ich glaubte?
    Selbst heute noch – längst nicht mehr Kind –
möchte ich leben aus diesem Glauben.

Doris Lindenblatt

Schau zum Himmel hinauf und zähle die Sterne (Gen 15). Abraham. Die Nacht von Hebron

Die Erfahrung des Mönches

Ein Mann hatte von einem Einsiedlermönch gehört. Er konnte nicht verstehen, warum jemand so zurückgezogen und abgeschieden leben will. Er machte sich deshalb auf den Weg, um den Mönch nach den Erfahrungen der Einsiedelei zu fragen.

Als er zu der Klause kam und dem Mönch sein Anliegen vorgetragen hatte, führte ihn dieser zu seinem Brunnen. Er nahm einen Stein, warf ihn in das Wasser und sagte zu dem Fremden: „Schau in den Brunnen, was siehst Du?"

„Nichts", antwortete der Fremde, „nur Wasser, das sich bewegt und leichte Wellen schlägt."

Der Mönch wartete eine Zeit und bat dann den Fremden, nochmals in den Brunnen zu blicken. „Was siehst Du jetzt?" „Jetzt – ich sehe mich selber. Ich spiegle mich im ruhigen Wasser. Ganz deutlich kann ich mein Gesicht erkennen."

„Siehst Du", antwortete der Mönch, „das ist die Erfahrung der Einsiedelei."

Nach dem Feuer kam ein sanftes, leises Säuseln (1 Kön 19). Elija am Horeb

Warum bin ich nicht so, wie ich wirklich bin?
Seit Jahren schon laufe ich mit einer Maske umher,
sie ist mein zweites Gesicht geworden.
Ich trage die Verkleidung eines sicheren,
routinierten jungen Menschen.
Ich habe gelernt, wie man es macht,
seine Schwächen zuzudecken
und die Gefühle zu verbergen.
Mein Gesicht ist stumpf geworden.
Ich lächle verbindlich, aber mein Lachen ist nicht echt.
Ich lege Sicherheit an den Tag,
aber in Wirklichkeit spiele ich Theater.
Ich tue so, als fiele mir alles in den Schoß,
als irrte ich niemals,
als hätte ich weder Sehnsucht noch Heimweh . . .
Warum bin ich nicht so, wie ich wirklich bin?
Wenn ich allein und für mich bin,
fällt mir die Maske vom Gesicht.
Ich sitze da und es kann sein, daß ich anfange zu heulen –
vor Enttäuschung über mich selbst.
Wenn dann einer käme uns sagte: Ich mag dich trotzdem,
ich will dich so, wie du bist, ich brauche dich . . .

Alfonso Pereira

Masken, 1977

„Weil das alles nicht hilft. Sie tun ja doch was sie wollen“
Weil ich mir nicht nochmals die Finger verbrennen will
Weil man nur lachen wird: Auf dich haben sie gewartet
Und warum immer ich? Keiner wird es mir danken
Weil da niemand mehr durchsieht
sondern höchstens noch mehr kaputtgeht
Weil jedes Schlechte vielleicht auch sein Gutes hat
Weil es Sache des Standpunktes ist
und überhaupt wem soll man glauben?
Weil auch bei den andern nur mit Wasser gekocht wird
Weil ich das lieber Berufeneren überlasse
Weil man nie weiß wie einem das schaden kann
Weil sich die Mühe nicht lohnt
weil sie alle das gar nicht wert sind
Das sind Todesursachen zu schreiben auf unsere Gräber
die nicht mehr gegraben werden
wenn das die Ursachen sind.

Erich Fried

Dort setzte er sich unter einen Ginsterstrauch (1 Kön 19). Elija

Fällt dir das Leben einmal zu schwer,
probiere ein bißchen,
einen Clown nachzumachen,
der in seinem Herzen weint
und dennoch lachend
für ein Kind auf der Geige spielt,
um so
von den Tränen seines Herzens
geheilt zu werden.

Phil Bosmans

feststellungen einer frau

eine frau muß sich unterordnen können
eine frau wird niemals so erfolgreich sein wie ein mann
eine frau muß bescheiden sein, eine frau soll nicht auffallen
eine frau ist pünktlich, fleißig, ehrlich, sauber,
häuslich, ordentlich, anständig
eine frau darf nicht mit einem mann schlafen,
wenn sie nicht mit ihm verheiratet ist
eine frau soll nicht prüde sein, eine frau soll nicht geil sein
eine frau soll nicht frigide sein, eine frau soll zwei kinder haben
eine frau darf kein kind bekommen, wenn sie nicht verheiratet ist
eine frau darf nicht abtreiben
über unanständige dinge darf eine frau nicht sprechen
eine frau soll sich nicht so anstellen,
wenn die männer mal ein witzchen machen
eine frau soll keine emanze sein
eine frau soll schick sein, eine frau soll gepflegt sein
eine frau hat die menstruation, sie kann schwanger werden,
sie kommt in die wechseljahre,
darüber spricht man am besten nicht.

Alexandra Albrand

Mütter gebären und Mütter verschlingen
Mütter sind zärtlich und stehen ihren Mann
Mütter lehren das Laufen und wickeln dich ein.

Mütter backen das Brot und sind zäh wie Leder
Mütter gehören zum schwachen Geschlecht
und sind hart im Nehmen
Mütter sind nahe am Wasser gebaut
und sind wie der Fels in der Brandung.

Mütter sind Feuer und Flamme und tröstendes Pflaster
Mütter spinnen die Fäden und schneiden die Haare
Mütter wissen um jedes Geheimnis
und finden blind den toten Punkt.

Mütter bedecken mit Küssen und erklären den Krieg
Mütter bauen die Nester und kennen die Schliche
Mütter sind Gärten der Liebe und zertreten die Schlange.

Mütter kennen die Männer und fallen auf jeden Sohn herein
Mütter sind Mütter

Und ohne sie könnte kein Mann so etwas schreiben.

Kurt Weigel

Rahel weint um ihre Kinder (Jer 31). Rosenberger Altar (Ausschnitt)

Wenn ich mich selbst
nicht ausstehen kann,
kann ich andere nicht ertragen.
    Wenn ich mich selbst
nicht akzeptieren kann,
kann ich andere nicht annehmen.
    Wenn ich zu mir selbst
nicht „ja“ sagen kann,
kann ich andere nicht bejahen.
    Wenn ich mich selbst
nicht leiden kann,
kann ich andere nicht mögen.
    Wenn ich mich selbst
nicht lieben kann,
kann ich mich anderen
nicht liebevoll zuwenden.
    Herr,
ich kann meinen Nächsten nicht lieben
wie mich selbst,
wenn ich mich selbst nicht . . .

Petrus Ceelen / Carlo Caretto

Narr vor dem Spiegel

Ich habe immer geglaubt,
mit achtzig wäre man alt,
aber jetzt bin ich anderer Ansicht.
Es gibt Zeiten,
in denen ich mich wie ein Junge fühle.
Solange man imstande ist,
zu bewundern und zu lieben,
solange ist man jung.
Und es gibt so viel zu bewundern und zu lieben.

Pablo Casals

Sahra lacht, Ausschnitt aus: Besuch der drei Männer bei Abraham

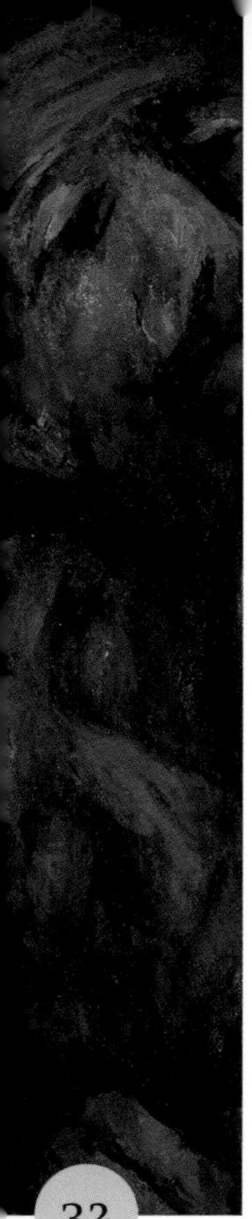

Warum läßt er die leben.
die viel schlechter sind?

Warum mußte sie sterben,
obwohl der andere schuld war?

Ihr Mann ist enttäuscht,
am Ende der Täuschung,
daß Gott die Guten belohnt
und die Bösen bestraft.

Petrus Ceelen

Unwiderruflich eingestuft, abgesondert,
aus dem Bewußtsein verdrängt
von der Mehrheit der sogenannten Gesunden.
Zurückgeworfen auf die eigene Schwachheit
und überforderte Kräfte einer verstehenden Minderheit.
Unter der gnadenlosen Herrschaft der Götzen Erfolg und Leistung, unter der gnadenlosen Herrschaft schwelenden Aberglaubens befragt: Was seid Ihr wert?

Was seid Ihr wert für die Wirtschaft?
Nichts oder nahezu nichts! Es sei denn, man betrachte
den Umsatz an Rollstühlen und Prothesen,
an Medikamenten und Apparaten.

Was seid Ihr wert für die Gesellschaft?
Nichts oder weniger als nichts, wenn man die Kosten
für Eure fragliche Existenz bedenkt. Es sei denn,
man begreife Euch als Anruf zur Menschlichkeit.

Was seid Ihr wert für alle, die sich Christen nennen?
Sagen sie „Ja“ zu Euch ohne Vorbehalt?

Gott, Du erschaffst uns Menschen immer noch nach Deinem Bild. In jedem lebt, wenn auch zutiefst verborgen, Dein Gesicht. Befreie uns dazu, es auch im Ärmsten zu erkennen, und heile uns Behinderte der Liebe!

Christa Peikert-Flaspöhler

„Mann auf Krücken“ aus dem Segment „Betesda“,
aus: Misereor Hungertuch „Hoffnung den Ausgegrenzten“

SK

steh auf
wenn dich etwas umgeworfen hat
steh auf
wenn ein anderer besser deinen platz ausfüllt
auch das ist auferstehung
steh auf
gerade wenn du meinst
du könntest nicht aufstehen
der stein vor deinem grab
wird sich von selbst fortbewegen
es wird dir ein stein vom herzen fallen

wilhelm willms

Der Lahme springt wie ein Hirsch . . . (Jes 35,4-6)

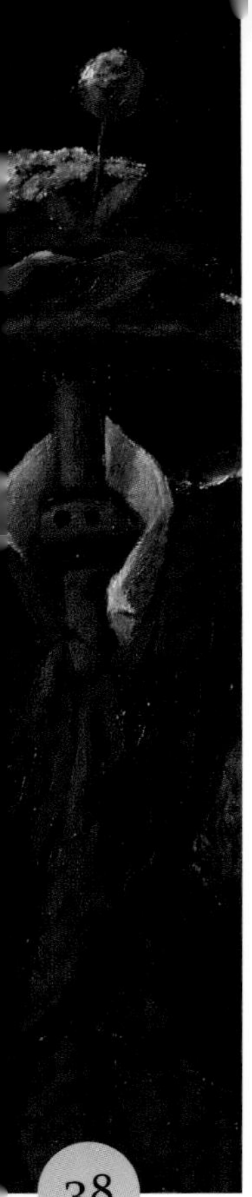

es ist ein wunder – was ist ein wunder?
gezeugt zu werden
zu zeugen
geboren zu werden
zu gebären
gelebt zu werden
zu leben
geschaffen zu werden
zu schaffen
geträumt zu werden
zu träumen
geliebt zu werden
zu lieben
gebraucht zu werden
zu brauchen
gedacht zu werden
zu denken
gefühlt zu werden
zu fühlen
gestorben zu werden
zu sterben
es ist ein wunder – ist es ein wunder?
es ist

Kurt Marti

Alles Fleisch zerfällt wie ein Kleid (Sir 14). Vogelscheuche

Jemand hat zu mir gesprochen
und nicht an mir vorbei.
Jemand hat sich mit mir eingelassen
und nicht das Risiko gescheut.
Jemand hat mir zugehört
und nicht auf die Uhr gesehen.
Jemand hat sich mir zugewandt
und nicht unschuldige Augen gemacht.
Jemand hat mich mitgenommen
und nicht sitzenlassen.
Jemand hat sich helfen lassen
und nicht stolz abgelehnt.
Jemand hat sich als Christ bewährt.

Josef Dirnbeck / Martin Gutl

Manchmal genügt ein kleines Licht,
und ich sehe die Sonne zur Mitternacht.
Manchmal genügt ein Regentropfen,
und ich schöpfe Wasser aus loderndem Feuer.
Manchmal genügt eine Träne,
und das Meer fließt über.
Manchmal genügt ein Wort,
und Mauern weichen zurück.
Manchmal genügt das Schweigen,
und ich höre die Stimme meines Herzens deutlich
wie die eines Bruders.
Manchmal genügt eine Blume,
und ich begreife den Himmel.
Manchmal genügt ein Augenblick,
und ich weiß,
daß ich nicht für den Tod geschaffen bin.

Wolfgang Poeplau

Harlekin

Du siehst Dinge und fragst: „Warum?"
Aber ich träume von Dingen,
die es nie gegeben hat,
und sage: „Warum nicht?"

George Bernard Shaw

Bildrechte
Für die Abbildungen aus dem Misereor Hungertuch „Hoffnung der Ausgegrenzten“: © MISEREOR Medienproduktion und Vertriebgesellschaft mbH, Aachen
Für alle anderen Abbildungen: © Sieger Köder, Ellwangen

Bildnachweis
Foto Baur, Aalen: 7, 19, 27, 31, 37, 39
MISEREOR Medienproduktion und Vertriebgesellschaft mbH, Aachen: Cover, 35
Schwabenverlag AG, Ostfildern: 9, 11, 13, 15, 17, 21, 23, 25, 29, 33, 41, 43, 45

Textnachweis
6 Matthias Stöhr, Maskerade, in: SCHALOM, Eine Zeitschrift für evangelische und katholische Jugend, Heft April 1983, Aussaat Verlag, Neukirchen-Vluyn
8 Rose Ausländer, Versöhnung, in: dies., Im Aschenregen die Spur deines Namens. Gedichte und Prosa 1976, © S. Fischer Verlag GmbH, Frankfurt/M. 1984
10 Wilhelm Willms, Weißt du wo, in: ders., Der geerdete Himmel, Verlag Butzon & Bercker, Kevelaer 7. Aufl. 1986, Seite 83
12 Walter Bauer, An junge Menschen, in: SCHALOM, Eine Zeitschrift für evangelische und katholische Jugend, Heft November 1981, Aussaat Verlag, Neukirchen-Vluyn
14 Doris Lindenblatt, Weißt du noch?, in: dies., Komm, laß uns Netze knüpfen!, Verlag Herder, Freiburg 1990, Seite: 22
16 Autor/Autorin unbekannt, Die Erfahrung des Mönches, in: Bundesleitung der KJG (Hrsg.), Beten durch die Schallmauer. Impulse und Texte, KJG-Verlagsgesellschaft mbH, Neuss 10. Auflage 1997
18 Auszug aus: Alfonso Pereira, Wer bin ich, in: ders., Jugend mit Gott, Verlag Butzon & Bercker, Kevelaer 6. Aufl. 1983, Seite 260
20 Erich Fried, Gründe, in: ders., Gründe, Verlag Klaus Wagenbach, Berlin 1989
22 Phil Bosmans, Fällt dir das Leben einmal zu schwer, in: ders., Vergiß die Freude nicht, Verlag Herder, Freiburg 50. Aufl. 1996, Seite 81
24 Alexandra Albrand, Feststellungen einer Frau, in: Ansprüche. st 887, Suhrkamp Verlag, Frankfurt/M. 1983, Seite 143, © Alexandra Albrand, Hamburg
26 Kurt Weigel, Mütter, © Kurt Weigel, Wangerooge
28 Petrus Ceelen/Carlo Carretto, Wenn ich mich selbst..., in: dies., Ehrlich vor Gott, Verlag Herder, Freiburg 4. Aufl. 1984
30 Pablo Casals, Jung geblieben, Quelle unbekannt
32 Petrus Ceelen, Warum? in: ders., Auf der Strecke bleiben. Asphaltkreuze im Gespräch, Verlag Katholisches Bibelwerk, Stuttgart 1988
34 Christa Peikert-Flaspöhler, Behinderte, in: dies., Stellenangebot. Gedichte, © Lahn-Verlag, Limburg 2. Aufl. 1982, S. 16f
36 Wilhelm Willms, steh auf, Auszug aus: Anweisungen zur Auferstehung, in: ders., Der geerdete Himmel, Verlag Butzon & Bercker, Kevelaer 7. Aufl. 1986, Seite 81
38 Kurt Marti, Leichenreden: Es ist ein Wunder: ders., Werksauswahl in fünf Bänden, in: Namenszug mit Mond, Gedichte © 1996 Verlag Nagel & Kimche AG, Zürich/Frauenfeld
40 Josef Dirnbeck / Martin Gutl, Jemand..., in: dies., Ich begann zu beten. Texte für Meditation und Gottesdienst, Verlag Styria, Graz-Wien-Köln 7. Aufl. 1992
42 Wolfgang Poeplau, Manchmal genügt..., © Wolfgang Poeplau, Münster
44 George Bernard Shaw, Warum nicht? Quelle unbekannt